時代をつくるデザイナーになりたい!!

Jewellery Designer
ジュエリーデザイナー

身につけてうつくしくかざり
個性をアピールするジュエリーを
創造したいから、めざせ
ジュエリーデザイナーを!!

協力
日本ジュエリーデザイナー協会

六耀社

時代をつくるデザイナーになりたい!!
ジュエリーデザイナー

もくじ

第1章 心とからだをかざってくれる ジュエリーのすてきな世界をさぐる （3）

ジュエリーデザイナーの基礎知識①／ジュエリーデザイナーの基礎知識②／ジュエリーデザイナーの基礎知識③

ジュエリーデザイナーをめざして誌上体験 （10）

わたしだけのジュエリーをデザインしてみよう
（指導：日本ジュエリーデザイナー協会会長・小宮宇子さん）

第2章 自由な発想で素材をくみあわせて手づくりする ジュエリーデザイナー （17）

ジュエリーデザイナーの仕事① ジュエリーデザインでたいせつにしたいA・B・C （18）

A あたらしい作品を発表する、いろいろな場面／B 素材をいかせば、アートの世界はどんどん広がる／C 個性あふれる表現力で、デザインをきわめる

ジュエリーデザイナーの仕事② 展示会で新作ジュエリーを発表、販売する （21）

桑原さんの展示会は、年2回、実家の喫茶店を利用してひらかれる（ジュエリーデザイナー・桑原 悠さん）／展示会場をおとずれるファンのために／桑原さんの仕事のながれをさぐる

ジュエリーデザイナーの仕事③ 熟練のクラフトマンと連携して、ジュエリーを完成させる （25）

アトリエからうまれる、うつくしいジュエリー（ジュエリーデザイナー・青木敦子さん）／青木さんがうける、注文のかたち／結婚式の指輪をつくる／青木さんのデザイン画は、精密なタッチで描かれる／仕あげをうけもつクラフトマン

ジュエリーデザイナーの仕事④ 世界のジュエリーコンクールに参加して、かつやくする （29）

代表作となるアートジュエリーは、こうしてうまれた（ジュエリーデザイナー・稗田麻琴さん）／試行錯誤をかさね、軽くて大きなアートジュエリーを実現／世界で類をみない、ステンレスメッシュのアートジュエリー／海外のコンクールに積極的に参加する

ジュエリーデザイナーの気になるQ&A （33）

Q1 工芸デザインの分野　Q2 ジュエリーデザインを学ぶ　Q3 ジュエリーデザイナーのかつやくする場面　Q4 ジュエリーデザイナーへの道のり　Q5 ジュエリーデザインを支える技術

第1章

心とからだをかざってくれる
ジュエリーの すてきな世界をさぐる

Jewellery Designer

人類の歴史がはじまったときから、人びとと
さまざまなかたちで深く結びついてきたジュエリー。
身をまもるものから、身をかざるものに役割がかわっても、
人とジュエリーの深いかかわりはかわりません。
好きな色、好きなかたちの服をえらんで
自分にあったおしゃれを自由に楽しむ時代に、
個性を引きだし、自分らしさを表現してくれる
ジュエリーとはどんなものでしょうか……。

ジュエリーデザイナーの基礎知識 ①

へぇ〜！
このネックレスを
手づくりしたんだ。

つくり方は
この本の
12ページから
みてね。

ネックレスは
首にかけるもので
装身具のなかまです。

装身具は、からだの
いろいろな部分に
つけてかざるものね。

心とからだをかざってくれるジュエリーのすてきな世界をさぐる

おもな装身具と、装身具をつけるからだの部分

指にはめる指輪

首からさげるネックレス

耳につけるイヤリング

胸につけるブローチ

手首にまくブレスレット

足首にまくアンクレット

装身具のはじまりはいまから4万年以上も前にさかのぼります。

当時は、自然界の花や木の実、石のほか、カタツムリのカラやダチョウのタマゴのカラにあなをあけて、装身具がつくられていました。

えっ！人類が道具を使いはじめた石器時代から装身具はあったんだね。

やがて、国のかたちができると、同じ地域で仲間があつまって集団生活をおくるようになりました。おたがいに仲間同士であることをしめすため、同じかざりの装身具を身につけるようになったのです。
この時代、装身具はたんなるかざりではなく、仲間であることのあかしであり、自分の命をまもるためのたいせつな「しるし」でした。

古代社会では、魔よけや敵から身をまもるために装身具を身につけたといわれています。

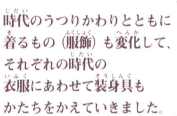
時代のうつりかわりとともに着るもの（服飾）も変化して、それぞれの時代の衣服にあわせて装身具もかたちをかえていきました。

中世ヨーロッパでは、王族や貴族など身分の高い人たちがはなやかな衣服を着て、それにふさわしい宝石や貴金属を利用した高価な装身具で身をかざりました。

現代は、人びとが自分にあった個性的な服装を自由にえらぶことができる時代といわれます。
同時に、装身具にも手軽に手に入れられるものが登場しました。

ジュエリーデザイナーの基礎知識②

装身具は、欧米では「ジュエリー」と表現されています。ジュエリーは、大きくふたつの種類にわけられます。

ファインジュエリー
宝石・貴金属を使ったもの。

アートジュエリー
使う素材にこだわらない。

宝石の王さま、ダイヤモンドのファインジュエリー。

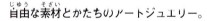
自由な素材とかたちのアートジュエリー。

※小宮宇子さん（10ページ）の作品。

地球では、数多くの鉱物がほりだされています。そのなかでも量が少なくて、かたくうつくしいものを宝石とよんでいます。ダイヤモンドやルビー、エメラルドなどがあります。

宝石と同じように、ほりだされる量が少ない金属を貴金属というのね。金や銀、プラチナなどがなかまよ。

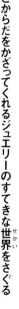
心とからだをかざってくれるジュエリーのすてきな世界をさぐる

でも、ジュエリーを身につけるとどのような効果があるのかな?

まわりからも注目をあつめます。そして、もっとも大きな効果といわれるのが……。

もちろん、うつくしくかざって、かがやかせてくれるわね。

ジュエリーを身につけると、気もちが落ちついて自信をもつことができるという効果があります。そして、どのようなジュエリーをえらぶかというときに、いくつかの条件がかんがえられます。

どのような服装をするか、ファッションとのかかわりをかんがえてジュエリーをえらぶ。

どのような場面で身につけるかかんがえてジュエリーをえらぶ。

どのような気分のときに身につけるかかんがえてジュエリーをえらぶ。

ジュエリーとアクセサリー

ジュエリーとともに身につけてかざるものに、アクセサリーがあります。どちらも、指輪やネックレス、ブローチなどの装身具をさしているものです。でも、アクセサリーは、うで時計やバッグ、帽子、くつなどもふくんだ広い意味での装身具をさします。

ジュエリーデザイナーの基礎知識 ③

19世紀末から20世紀には、さまざまな分野であたらしい芸術運動（※）がおこりました。もちろん、ジュエリーの世界にもその動きがみられました。

※アールヌーボー、アールデコという。

それまでの宝石や貴金属を使ったジュエリーのほかに、自由な素材を使ったものが注目されるようになりました。

あたらしい芸術運動のなかで登場したジュエリーは、宝石や貴金属にこだわらないものです。自由に素材をえらんで、自由なデザインでつくられたものばかりです。このようなジュエリーは、アートジュエリーとよばれます。

デザインが重視されると、ジュエリーデザインという世界が確立されていきました。こうして、ジュエリー専門のデザイナーが数多くあらわれてかつやくするようになりました。

その人たちが、いま、かつやくしているジュエリーデザイナーにつながるのね。

ジュエリーデザイナーは、ゆたかな発想力と想像力を使い、あたらしいデザインのジュエリーをうみだしているのです。

ジュエリーは工芸品の1分野です

工芸品とは、きめこまかな部分まで手作業で仕あげたもので、実用的な面と高い芸術性があふれるデザインをあわせもつのが特ちょうです。工芸品には、ジュエリーのほかガラス工芸、陶器、磁器、木工品、染め織りものなどの分野があります。

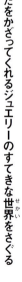

心とからだをかざってくれるジュエリーのすてきな世界をさぐる

でも、ジュエリーは
おとなになるまで
あまりかかわりは
ないものだけど……。

それなら、身近な素材で
ジュエリーづくりを体験してみない？
ジュエリーデザインにこめられている
いろいろな楽しさを、
きっと感じることができますよ。

● 身近にあるいろいろな素材を
えらぶ楽しさを実感できる。

● いろいろな素材のくみあわせを工夫する
楽しさを体験できる。

● いろいろな道具を使いこなして、
ものづくりを楽しむことができる。

● 自由なかたちと色をくみあわせて、
個性的なものづくりを楽しむことができる。

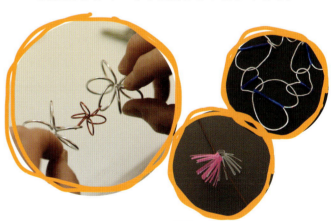

12ページからは
ストローとワイヤーを
使ったネックレスの
つくり方を紹介して
いきます。

いつもジュースを飲むときに
使っているストローで
できるんだ。

ワイヤーというのは
針金のことだよ。

ジュエリーデザイナーをめざして 誌上体験

わたしだけの ジュエリーをデザインしてみよう

指導 日本ジュエリーデザイナー協会・会長
小宮宇子さん

小宮さんは、大まかなデッサンのデザイン画を描いて、制作するときにイメージを広げながら、ジュエリーを完成させていきます。

プロフィール
- 1970年…多摩美術大学美術学部彫刻科卒業。行動美術展新人賞受賞
- 1975年～…日本ジュエリーアート展・国際ジュエリーアート展に出品
- 1989年…オーストリアでひらかれた「日本装飾品芸術展」に出品
- 1999・2001年…オーストリアの「Japanese Jewelry Exhibition」に出品
- 2002年…台湾・日本・韓国・三国女性メタルアーチスト創作巡回展に出品
- このほか、神戸・大阪・京都・東京で、個展や多くのグループ展に出品
- 現在、アトリエ コミヤ代表

心とからだをかざってくれるジュエリーのすてきな世界をさぐる

わたしとジュエリーデザインのであい、そして、これまで

「高校生のころ、テレビドラマをみて、主人公がめざす彫刻家という職業に興味をもちました。それで、高校を卒業すると多摩美術大学の彫刻科に進学しました。大学在学中には、たまたまさそわれて彫金教室にかよいました。当時は、一般の人のあいだでも彫金の人気が高まり、趣味としてはじめる人がふえていたころです。

でも、大きな作品を手がけることが多かった彫刻にくらべ、彫金であつかうジュエリーはとても小さく、こまかな作業が自分にはむいていないと思い、とちゅうでやめてしまいました。

とはいえ、大学を卒業し、仕事として彫刻をつづけていくために、制作や保管のための広い場所を確保するのもむずかしく、思うようにいかないのが現実でした。そんなとき、彫金教室のアシスタントという仕事にめぐまれ、彫金

アトリエに用意されたたくさんの彫金道具を使って、デザインしたジュエリーをかたちにしていきます。

の道へもどりました。
　こうして経験をつみ、彫金教室の講師をしながら、自分の作品づくりにも力を入れているころ、わたしが住んでいた神戸が阪神・淡路大地震にみまわれたのです。その体験から、「命はいつおわるかわからない。いまをたいせつに、やりたいことをやらなくては」という気もちが強くなり、自由なジュエリーデザインを手がけるためにフリーランスの活動をはじめました。
　現在は、自分のアトリエでジュエリーを制作しながら、週２回ほど彫金教室をひらいて生徒に彫金を教えています。完成したジュエリーは、展示会をひらいて販売したり、契約しているいくつかのお店で販売してもらったりします。ときには、個人の注文に応じて、お客が希望するジュエリーを制作することもあります」

ジュエリーの魅力とデザインのもつ力

「人には、人生でたいせつな記念のときがあります。そんな記念の場面には、人とジュエリーのであいがあります。
　たとえば、結婚のときに欠かせないジュエリーに、婚約指輪や結婚指輪があります。または、家族や恋人、友人の誕生日やさまざまな祝いごとのおくりものとして、ジュエリーは気もちをつなぐ役割をはたしています。このように、ジュエリーは、いつでも身につけておくことができる記念品なのです。
　そして、わたしがデザインを手がけるジュエリーは、身につける人に自信をあたえ、その人をかがやかせてくれる、ものと信じています」

軽くて、強く、さびないという特ちょうをもつ、チタンという金属をさまざまに変色させてつくったネックレスと指輪、ブレスレット。

両はしに丸いとめ具をつけたプラスチックのパイプを、くるくる丸めて、チタンの四角い箱にとおしてつくった、個性的なデザインの指輪。

ジュエリーデザインは、失敗をおそれず、楽しむことがたいせつ

「あなたは、なにか、ものをつくることが好きですか？ ジュエリーデザインは、いろいろな素材を加工したり、くみあわせてつくる、とてもきめこまかいアートの世界です。
　でも、とくに手先が器用だからむいているということはありません。とにかく、楽しんでつくる、工夫してつくることがたいせつです。そして、たとえ失敗してもあきらめないことです。というよりも、失敗はとてもたいせつなことです。失敗しないとつぎにすすめないといってもいいでしょう。なぜなら、失敗すれば、なぜ失敗したかをかんがえるでしょう。それがたいせつなのです。
　デザインするときには、かならず発想の源があります。たとえば、ある素材でペンダントをつくるよう依頼があったとします。素材をみて、デザインのイメージを広げます。このときこそ、ふだんから訓練しておいた、自分なりの発想する力がためされます。
　つぎのページからは、みなさんの身近にある素材を使って、自分だけのジュエリーをつくってみましょう」

ジュエリーデザインは、いろいろな素材と、身につける部分をじょうずにくみあわせるパズルみたいね。

つくってみよう！ わたしだけの ジュエリーデザイン手づくり教室 1

指導／小宮宇子さん（日本ジュエリーデザイナー協会・会長）

ストローネックレス

家にあるストローを使って、かわいらしいネックレスづくりにチャレンジしてみましょう。太さのちがうストローと、グミなどのやわらかいおかしをくみあわせれば、ファンタジックな世界が表現できます。

用意するもの

1. 黒色の太いストロー
2. カラフルな細いストロー
3. グミ、マシュマロなど、やわらかいおかし
4. テグス（つり糸）
5. 瞬間接着剤
6. ハサミ
そのほか、ようじ

※食べものをあつかうので、衛生面の注意を心がけて楽しんでください。

心とからだをかざってくれるジュエリーのすてきな世界をさぐる

1
太い黒ストローをハサミで切る。長さ5〜15センチほどのものを5、6本ぐらいつくる。

ポイント ストローは曲がるものを使い、切るときに1本ずつ長さをかえると、おもしろいかたちに仕あがる。

黒いストローを使うと、ほかの色を引きたたせる効果があり、おしゃれに仕あがるのよ。

2
切ったストローをならべて、仕あがりのかたちをつくる。頭をとおして首にかけるためには、全長が55〜60センチになるようにする。

自由な発想でつくりたいかたちをかんがえてね。

3
ストローのあいだに、グミやマシュマロなどを自由においていく。

ポイント グミは、かたちや色のちがうもので、ストローをつきさすことができるやわらかいものがよい。

台所用のスポンジなどやわらかいものをハサミで切ったものでもいいよ。

4
細い色ストローを4～6センチに切る。

グミにつきとおすために、ストローの先をとがらせてね。

5
切った色ストローを、グミにつきとおす。

色ストローは、はっきりした色のものを使うと、よりきれいにみえるわ。

グミがはみでる

ようじをストローにつきとおす。

ようじで、ストローのなかにつまったグミをおしだそう。

6
太いストローのあいだに、おかしをさした細いストローをおいて、ストローネックレスのかたちをつくってみる。

できあがりを想像してみよう！

7
ならべたストローのなかにテグスをとおして、最後の部分を結ぶ。

ポイント テグスはほどけやすいので、結びめを瞬間接着剤でとめよう。

細い色ストローは、太いストローのなかに入って隠れる部分と、みえる部分があるようにすると、よりおしゃれになる。

● 細い色ストローが隠れる

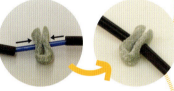

● 細い色ストローがみえる

ストローネックレスの完成

グミは、かたちや色の変化をかんがえながら、つなぎましょう。

ポイント ストローを曲げて、おもしろいかたちをつくってみましょう。

つくってみよう！ わたしだけの ジュエリーデザイン手づくり教室 ②

指導／小宮宇子さん（日本ジュエリーデザイナー協会・会長）

ワイヤーネックレス

ホームセンターなどで手に入るアルミや銅のワイヤーを使って、おしゃれなネックレスづくりにチャレンジしてみましょう。首のまわりに、かわいらしい花のかざりがパッとさいてはなやかです。

用意するもの

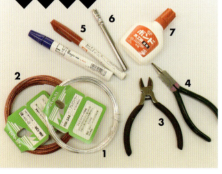

1. 直径1.5ミリくらいのアルミ線
2. 直径0.8〜1ミリくらいのカラーワイヤー（銅線）
3. ペンチなど金属を切る工具
4. 先が細くなっているヤットコなどの工具
5. 油性マジックペン
6. マジックよりもじくが細いペンや、えんぴつ用補助軸
7. 木工ボンド

心とからだをかざってくれるジュエリーのすてきな世界をさぐる

① 太いマジックペンの胴に、アルミ線をくるくると6回まく。

> アルミ線はていねいにまいてね。

② アルミ線のまきはじめと、おわりの部分が同じ位置になるところに印をつける。

おわり / まきはじめ

③ アルミ線の印をつけたところを切る。

> 切るときは、ペンチを使ってね。

④ 切ったアルミ線の両はしをもって内側にくるっと丸め、花のかたちにととのえる。①〜④をくりかえし、アルミ線の花を5個つくる。

 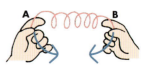

①左右の手でワイヤーのはし（AとB）をもち、内側に丸める。

②AとBがくっつくように、内側に丸める。

③AとBをしっかりあわせると、花のかたちになる。

5

カラーワイヤーは、細いペンや補助軸の胴に6回まきつける。アルミ線と同じ方法で小さな花を8個つくる。

銅線はかたく、また小さくなると、両はしを手であわせるのがむずかしくなるので、こまかい作業ができるヤットコなどの工具を使いましょう。

アルミ線の大きな花を5個、カラーワイヤーの小さな花を8個完成させる。

6

アルミ線の花のつなぎめ（4で説明したAとBのあいだ）に、カラーワイヤーの花のつなぎめをとおすようにして、つぎつぎとつないでいく。

大きな花びらと小さな花びらをつなげるのね。

ポイント カラーワイヤーの花8個のうち、6個をアルミ線の花とつなぎ、2個は、7で説明するツルの部分とつなぐため、残しておく。

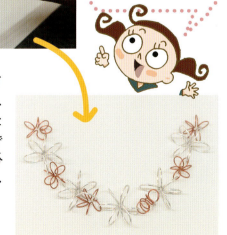

7

1〜3と同じ方法で、らせん状にまいたアルミ線を3個つくる。これを両手で引きのばして、ツルをつくる。

6で完成した花のかざりの両はしにツル①と②をつなげ、さらにカラーワイヤーの花aとbをつなげ、最後にツル③をつなげる。

- ツル③
- 花b
- ツル②
- 花a
- ツル①

ポイント かたちができあがったら、つなぎめがはずれないように、つなぎめを木工ボンドでとめるとよい。

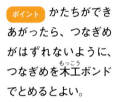

ネックレスの長さは、ツル③をのばしたり、まいてちぢめたりしながら調整してね。

ワイヤーネックレスの完成

ツルはのばしすぎず、ときどきクルンとまわしたりしてかたちをつくると、おもしろいよ。

ポイント アルミ線はやわらかいため、強く引っぱりすぎるとのびるので注意すること。

つくってみよう! わたしだけの ジュエリーデザイン手づくり教室 ③

ゆたかな発想のつばさを広げて、ジュエリーに挑戦してみよう!!

どうですか? 手づくりのジュエリーは、じょうずにできましたか?
前のページで紹介したジュエリーのつくり方❶と❷をもとにすれば、
自由なかたちのジュエリーをつくることができます。
いろいろな素材をえらんで、季節や服装にあわせた
ジュエリーデザインにチャレンジしてみましょう。

タコ糸にストローをとおしてつくるネックレス

ハートのかたちのワイヤーをつなげたブレスレット

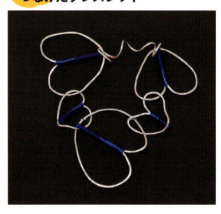

ストローを花のように広げ、毛糸でつなげたネックレス

心とからだをかざってくれるジュエリーのすてきな世界をさぐる

次のページからは、第一線でかつやくする
ジュエリーデザイナーの仕事ぶりを
3つのスタイルでみていきましょう。

● 展示会で新作のジュエリーを発表する
桑原 悠さん
↓
21〜24ページ

● クラフトマンとくんでジュエリーを制作する
青木敦子さん
↓
25〜28ページ

● コンテストに出品、受賞して注目される
稗田麻琴さん
↓
29〜32ページ

第2章

自由な発想で素材をくみあわせて手づくりする
ジュエリーデザイナー
Jewellery Designer

指をかざるリング、胸もとにきらめくネックレス、耳にゆれるイヤリング。ジュエリーは、うつくしくかがやいて、身につける人の個性を表現し、まわりにアピールしてくれます。誕生日に、結婚式に、人生の記念品となるジュエリーは身につけるアート作品ともいわれます。芸術性と実用性をたくみにいかしながら、さまざまな素材をくみあわせて創作するジュエリーデザイナーのヒ・ミ・ツの世界をさぐっていきましょう。

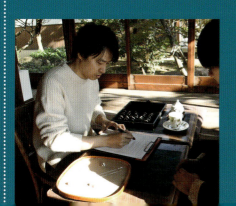

ジュエリーデザイナーの仕事 ❶

まず、ジュエリーの制作にあたり、
デザイナーがたいせつにしていることを3つ紹介します。

ジュエリーデザインでたいせつにしたいA・B・C

A

フリーランスでかつやくするジュエリーデザイナーは、自分自身で作品を発表して、評価を得ながら、販売にもたずさわるための努力をおしまないことがたいせつになります。

あたらしい作品を発表する、いろいろな場面

新作発表の主要な場面に、展示会があります。ジュエリー業界では、9月ごろにさまざまなかたちで展示会をひらいて、世のなかに広くアピールします。フリーランスの場合は、作品を発表する時期は人それぞれで、展示会のかたちも、個展やグループ展などがあります。また、コンクールへの出品などもあります。

桑原 悠さん（21〜24ページ）の場合

桑原さんは、実家の喫茶店を会場に利用して、新作の展示会をひらいています。

青木敦子さん（25〜28ページ）の場合

青木さんは、自分のアトリエを会場に利用して、新作の展示会をひらいています。

稗田麻琴さん（29〜32ページ）の場合

稗田さんは、多くのコンテストに参加します。コンテストでえらばれた作品は発表会場に展示されて、紹介されます。

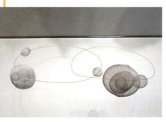

自由な発想で素材をくみあわせて手づくりするジュエリーデザイナー

B ジュエリーデザイナーは、自由にジュエリーの素材をえらぶことができます。さまざまに工夫しながら加工するため、えらんだ素材の性質を理解することがたいせつになります。

素材をいかせば、アートの世界はどんどん広がる

ジュエリー手づくり教室（10〜16ページ）を指導された小宮宇子さん（日本ジュエリーデザイナー協会会長）は、シルバー、アルミニウム、チタンなど、さまざまな金属の素材を使ったデザインにとりくんでいます。ここでは、チタンを利用したジュエリーデザインを例に紹介します。

七色のうつくしさを表現、色の変化も楽しいチタンを使ったジュエリー

チタンは、鉄にくらべて軽く、ばねのようにもどる力が強く、さびないという特ちょうをもつ金属です。リン酸の水溶液などの中で電気をながすと、表面に透明な膜（酸化皮膜という）をつくりだすことができます。この皮膜が光をわける役目をし、虹のような独特の色をみることができます。

小宮さんは、専用の装置によってチタンの表面にうまれるうつくしいグラデーションや色を使って、作品を表現します。

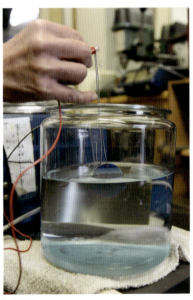

肥料にも使われるリン酸を水にとかした液を、ガラスの容器に入れて電流をながします。

チタンの板を使ったリング。

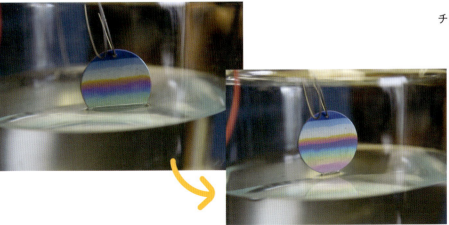

リン酸の水溶液につけて電圧を0〜100ボルトに上げながら、少しずつ引きあげていくと、青色から黄金色、ピンク色、むらさき色、緑色と変化しながら虹色になり、きれいなグラデーションができあがります。

ジュエリーデザイナーには、個性ゆたかなデザイン力が必要になります。そこで、いかにゆたかなアイディアをいかして、自由なかたちを創造できるかがたいせつになります。

個性あふれる表現力で、デザインをきわめる

ジュエリーデザイナーは、自由にえらんだ素材の特ちょうをつかみながら、これからつくる作品のイメージをかためていきます。その結果、できあがったジュエリーは、もとめる人を感動させるような、これまでにない、あたらしいデザインとなります。

桑原さんのデザイン画と、完成したジュエリー

青木さんのデザイン画と、完成したジュエリー

稗田さんのデザイン画と、完成したジュエリー

20 自由な発想で素材をくみあわせて手づくりするジュエリーデザイナー

ジュエリーデザイナーの仕事❷

桑原さんは、デザインをかんがえることからはじまり、仕あげまですべての工程を自分ひとりで手がける「ジュエリー作家」としてかつやくしています。

桑原 悠さん

展示会で新作ジュエリーを発表、販売する

桑原さんの展示会は、年2回、実家の喫茶店を利用してひらかれる

ジュエリーデザイナーが、あたらしい作品を発表するおもな場に展示会があります。

桑原さんの実家は、岐阜県・岐阜市内にある喫茶店「左岸」といいます。お店は、130年以上も前にたてられた日本家屋を改築したものです。

桑原さんは、お店の中に展示コーナーをもうけています。ふだんは、これまで手がけたジュエリーを展示、販売もしています。そして、年2回、6月と10月には、それぞれ2週間にわたり新作の展示会をひらきます。

歴史を感じさせる和の雰囲気をそのまま残した店内。展示会では、窓ぎわのたなや床の間に、新作ジュエリーがならべられ、お客は自由にみてまわることができます。

ジュエリーへの思い

桑原さんは、宝石を使ったファインジュエリーも手がけていますが、石を使わずに、彫金の技術とデザインのおもしろさにこだわったアートジュエリーにも力を入れています。そして、有名ブランドや、ほかの作家の作品とはちがったオリジナリティ（個性）をたいせつにしています。桑原さんだからこそできるデザインや彫金の技術によって完成したジュエリーを、お客がもとめているからです。そのためには、つねに技術をみがき、あたらしい発想でデザインができるよう努力をつづけています。

展示会場をおとずれるファンのために

桑原さんの展示会におとずれるお客は、桑原さんのつくるジュエリーのファンです。お客は、お茶を飲んだり、ジュエリーをながめたりしながら、楽しいひとときをすごすことができます。

桑原さんはお客にあいさつをし、新作ジュエリーについて説明をします。また、ジュエリーのえらび方をアドバイスしたり、宝石や金属、彫金技術について質問されたら、ていねいに解説していきます。

桑原さんは、展示会におとずれたお客に、新作ジュエリーのテーマやこだわった点などをていねいに説明します。

「透かし彫り」という彫金技術で制作したネックレスやイヤリングなど、展示されたジュエリーの一部。

自由な発想で素材をくみあわせて手づくりするジュエリーデザイナー

桑原さんの仕事のながれをさぐる

1 注文をうける

桑原さんの仕事場は、神奈川県の横浜市にあります。自宅の1室を作業場に利用してジュエリーの制作をおこなっていますが、展示会のあいだは2週間にわたって岐阜市内の「左岸」に滞在します。

展示会場にならべられたジュエリーは見本のため、お客が購入を希望したら、注文をうけて、展示会後につくりはじめます。

桑原さんは、オーダーメイドの注文にも応じます。オーダーメイドとは、お客の希望にあわせてあたらしいデザインをかんがえ、制作することです。なかには、お客がもっているジュエリーの宝石を利用して、あたらしいデザインのジュエリーをつくってほしいといったリフォームの要望もあります。

注文をうけるときは、お客の話をていねいに聞きます。注文伝票にお客の名前や連絡先、希望の商品やサイズ、オーダーメイドの場合はどんなジュエリーがほしいのかといったことをこまかく記入していきます。

2 デザイン・制作する

桑原さんは、お客の注文ではないオリジナル作品を制作する場合、デザイン画を描かずに、頭にうかんだデザインを実際に制作しながらかたちにしていくことが多いといいます。そこで、制作中にいろいろ試行錯誤をして、どうしても無理な部分があれば、デザインを修正していきます。

展示会が終わると、注文をうけたジュエリーの制作をするとともに、つぎの展示会にむけた新作ジュエリーの制作もおこないます。

展示会をひらく「左岸」の一角には彫金の作業台が置かれていて、桑原さんは展示会のたびに、ジュエリー制作に必要な道具一式を神奈川県の仕事場から運び入れます。そして展示会中も、夜などのあき時間を利用して注文をうけたジュエリーの制作を進めます。

仕事をするうえでたいせつにしていること

桑原さんは、自分が手がけたジュエリーを身につけるお客がよろこんでくれることを第一にかんがえます。お客によろこんでもらうためには、最初のうちあわせのとき、お客の希望をしっかりと聞くことがたいせつになります。オーダーメイドの依頼のときには、デザイン画を3案以上描いて提案し、その中から1案をえらんでもらうようにしています。さらに、サンプルのジュエリーをつくり、1週間ほど実際に身につけてもらいます。そして、洋服に引っかかるなど使いづらいところがないか確認、修正をしながら、本番の商品を仕上げていきます。

3 完成した作品の写真を撮る

展示会にむけて制作したジュエリーは、自分で撮影して、展示会の案内ハガキに印刷したり、自身のホームページで紹介します。

桑原さんはいつも、自分でジュエリーの写真を撮影します。屋外の石の上などにジュエリーを置き、自然の光を利用して写真を撮ります。

5 展示会の準備をする

桑原さんは、作品にあわせて、ならべる台を手づくりすることもあります。そして、ジュエリーの置き方にも工夫をこらしています。すべては、手づくりしたジュエリーを人びとに強くアピールするために、どうしたらいいかをかんがえてのことです。さらに、ひとつひとつのジュエリーには、値段を書いた値札をつけていきます。

木の板を使ったり、透明なガラス板を使いながら、ジュエリーがより魅力的にみえるようにならべていきます。

4 案内ハガキをだす

展示会の案内は、展示会の3週間ぐらい前までにあて名書きを終えて、1週間前には届くように郵送の手配をします。そして、いままでジュエリーを買ってくれた人、会場をおとずれてくれた人、口コミで紹介してもらった人など、700名をこえるすべての人に案内ハガキをだします。

案内ハガキには、桑原さんが撮影した新作ジュエリーの写真とともに、展示会の開催日時や会場の案内が印刷されています。そして、700名以上のお客リストをみながら宛名を書き、発送します。

6 展示会に立ちあう

展示会では、おとずれた人にジュエリーの説明をおこないます。展示品を購入したいという人もいれば、あたらしいジュエリーをオーダーしたいという人もいます。桑原さんは、「お客さんによろこんでもらえるなら、どんな注文にも対応します」といいます。

ジュエリーデザイナーの仕事 ❸

青木さんは、自身のスタジオであたらしいジュエリーの制作や、リフォームの注文をうけています。作業は、青木さんがデザイン画を描き、制作はクラフトマンとよばれるジュエリーの職人がおこないます。

青木敦子さん

熟練のクラフトマンと連携して、ジュエリーを完成させる

アトリエからうまれる、うつくしいジュエリー

青木さんがフリーランスのジュエリーデザイナーとして、「スタジオ・アツコ」をひらいてから、約30年がたちます。お客の中には、親子三代にわたって利用している人もいます。とくに宣伝をしなくても、利用した人の紹介や、口コミで評判が高まり、お客は増えています。

青木さんが手がけるジュエリーは、おもに宝石や貴金属を使うファインジュエリーです。ファインジュエリーは高価なものもあり、記念日やお祝いの場面で使われるものが中心となります。

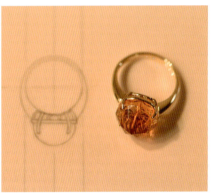

青木さんが描くデザイン画をもとに、コンビをくむクラフトマンがジュエリーを制作します。

青木さんは、まず、デザインのアイディアをスケッチし、その後、精密なデザイン画を仕あげていきます。

青木さんがうける、注文のかたち

青木さんのもとには、あたらしいデザインのジュエリーをつくりたいというオーダーメイドの依頼や、もっているジュエリーの宝石だけをいかして、あたらしいデザインにリフォームしてほしいという依頼がきます。

ほかに、年2回、スタジオで新作を発表する展示・販売会もおこなっています。また、日本ジュエリーデザイナー協会が主催する展覧会、ホテルやデパートでひらかれる宝飾品の展示会にも参加しています。

青木さんは、スタジオでの展示会を前に準備をします。展示台やかざりだなに新作ジュエリーをならべたり、いままで手がけたジュエリーの写真をかざったりします。

ホテルで開催された展示会のようす。青木さんは、ほかのジュエリーデザイナーとともに作品を展示したときには販売することもあります。

自由な発想で素材をくみあわせて手づくりするジュエリーデザイナー

一点もの以外は型をつくります

新作ジュエリーが完成したら、液状のゴムにうめて型をとり、ゴムがかたまったらふたつに割ってとりだして写真のようなゴム型をつくります。青木さんは、このゴム型にデザイン画をセットして、すぐとりだせるよう保管しておきます。こうしておけば、あとで同じジュエリーをほしいという依頼があったとき、ゴム型に金属を流しこみ、同じものを完成することができるのです。

結婚式の指輪をつくる

ここでは、結婚をするカップルのために、青木さんが指輪を手がけるようすをみてみましょう。

青木さんは、スタジオにカップルをまねいて、ふたりの好みのかたちや色、金属や石の種類、予算や完成日などの希望について聞き、注文票にメモをしていきます。

青木さんに、婚約指輪（※）のオーダーをした大谷さん夫妻。青木さんがいままでに制作した婚約指輪の写真や実物をみせてもらいながら、どんな指輪がいいか、かんがえをまとめていきます。

青木さんがよく使う道具
1. 指のサイズ（太さ）をはかるリングゲージ 2. 指輪のサイズをはかるリングゲージ棒 3. 宝石用の精密計量秤 4. こまかな部分を確認するためのルーペ（拡大鏡） 5. 宝石のかがやきを確認したりするためのペンライト 6. 宝石のサイズなどをはかるためのノギス 7. 宝石などをつかむためのピンセット

希望がまとまったら、「リングゲージ」とよばれる道具を使って、指の太さをはかります。

※婚約指輪（エンゲージリング）は、男性が結婚の約束のあかしとして女性におくる指輪のこと。結婚する男女が夫婦の誓いのあかしとしてペアでつける指輪は、結婚指輪（マリッジリング）とよびます。

青木さんのデザイン画は、精密なタッチで描かれる

青木さんは、お客の希望にあわせて、通常、3案のデザイン画を提案します。

デザイン画が仕あがったらお客にみてもらい、修正をしながら最終的なデザイン画を仕あげていきます。

青木さんのデザイン画は、実際のジュエリーのサイズと同じサイズで、とてもていねいに描かれます。

精密に描く理由は、青木さんの描くデザイン画が、設計図の役割をもっているからです。このデザイン画どおりにクラフトマンが制作を進めるため、細部まで正確に描く必要があるのです。

青木さんは、ある程度仕あげたベースとなる原画の上に、複写するための半透明の紙・トレーシングペーパー（写真1）をかけ、そのうえから精密なデザイン画を描き、色鉛筆や水彩絵の具（写真2）で色をつけます。直線を描くときは直線定規（写真3）を使い、曲線を描くときにはさまざまなサイズの円定規やだ円定規（写真4）を使います。

大谷さん夫妻は、ふたたびスタジオをたずね、3案のデザイン画の中からいちばん気に入った1案をえらびます。

仕あげをうけもつクラフトマン

ジュエリーデザインの制作では、ふたつの道すじがあります。ひとつは、デザイン画から仕あげまでを、ひとりで完成させる道すじです。そして、もうひとつは、ジュエリーデザイナーが描いたデザイン画をもとにして、加工などを専門の職人がおこなうものです。この職人が、クラフトマンです。

クラフトマンとは、ある技能に熟練した職人です。もともとは、中世ヨーロッパで発生した徒弟制度の中で、すぐれた技能をもつ職人をさしたものといわれています。
青木さんは、現在、3人のクラフトマンとくんで仕事をしています。注文をうけると、デザイン画を描いて、クラフトマンに加工から仕あげまでを依頼します。

クラフトマンの高瀬一彦さんは、青木さんとのうちあわせのために、スタジオをたずねます。うちあわせでは、デザイン画、発注書、使用する素材一式を青木さんからうけとり、デザイン画だけではわからないこまかな部分について確認していきます。

高瀬さんは、青木さんからわたされた宝石の状態をルーペで確認したり、ノギスという精密なものさしで宝石の大きさをはかります。

高瀬さんは、作業の進行中も、デザイン的に不可能な部分や不明点がでたら青木さんにたずねながら、デザインどおりに仕あげていきます。そして完成すると、青木さんのもとに納品します。青木さんは、できあがりをルーペでていねいに確認します。

完成した婚約指輪をうけとりにきた大谷さん夫妻。思いどおりの仕あがりに満足の笑みがこぼれます。

世界のジュエリーコンクールに参加して、かつやくする

ジュエリーデザイナーの仕事 ❹

金属の素材にこだわった出発点から、
金あみを使ったジュエリーへ。
どんどん広がるアイディアのおもむくままに、
個性的なアートジュエリーをうみだし、
コンクールにチャレンジしています。

稗田麻琴さん

代表作となるアートジュエリーは、こうしてうまれた

　稗田さんは、大学時代に鑑賞したジュエリーの展覧会で、アートジュエリーの造形美に心をうたれたといいます。それ以来、金属を中心にあつかい、コンテストへの出品をめざしたデザイン重視のアートジュエリー制作にこだわってきました。

　ところが、作品をみた人から、「もっと身につけられるような、実用的なジュエリーはつくらないの？」といわれてしまいました。当時の稗田さんは、自分ならではの個性やテーマを主張したいとかんがえていたため、思い悩んだといいます。

　そんなとき、体調をくずして、金属のかたまりや板を金づちでたたいてジュエリーのかたちにしていく作業ができなくなったことがありました。そこで、あまり力を使わずにできるワックス（ロウ）のジュエリーを手がけてみました。

　これがきっかけになり、稗田さんの代表作のひとつである、「指のためのコスチューム」と名づけられた指輪がうまれたのです。

指に「はめる」のではなく、「着せる」という発想からうまれた「指のためのコスチューム」。写真は、「親指のためのコスチューム」（1998年作、撮影／西山史祠）

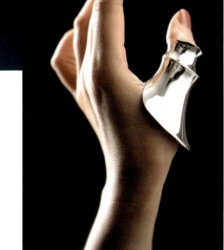

指の関節につけると、とてもつけ心地がよく、指を曲げたり、のばしたりする動作も違和感なくできます。

「指のためのコスチューム」が完成するまで

ワックスのかたまりを適当な大きさに切り、ヤスリでけずって指輪のかたちにととのえて型をつくります。

型ができたら業者に鋳造（※）を依頼し、できあがった金属の指輪をヤスリでみがいていきます。

電動工具を使って、内側と外側をこまかくみがいていきます。

みがき終わったら、ガスバーナーと銀ロウを使って、指の関節部分でふたつに分割された指輪をロウづけ（ロウをとかして金属同士を接着）します。

最後に、研磨材を使って光沢仕あげをします。

※鋳造とは、金属を熱でとかして鋳型といううつわにながしこみ、指輪などをつくることです。

試行錯誤をかさね、軽くて大きなアートジュエリーを実現

稗田さんはその後、大きなサイズのジュエリーをつくりたいと思うようになりました。しかし、金属だと重くて身につけるのがむずかしいため、軽い素材はないか探していたときのことです。ふとみかけたステンレスのメッシュで、試作品をつくってみました。ステンレスメッシュは、窓のあみ戸や台所のザルなどに使われる金あみです。そのなかでも、目がこまかくて、やわらかいものをえらんでみました。

でも、ステンレスメッシュは、ジュエリーとして加工するには手ごわい素材でした。というのも、はんだづけ（※）がとてもむずかしく、あみ目をひとつひとつ接着するのが困難でした。そこで、1まいのステンレスメッシュのかたちをととのえて、チタンではさんで固定しました。

こうして、ポシェットのように肩からななめがけするあたらしいかたちのジュエリーを発表しました。軽い素材を使うことで、身につけても重さを感じさせない、大きな作品がつくれるようになったのです。

※はんだづけとは、はんだ（すずとなまりの合金）を熱でとかしたものを使い、金属同士を接着すること。

稗田さんは、自宅のアトリエに設置した作業台でジュエリーを制作します。

「SOFT&HARD」という名前をつけた、ポシェット型のペンダント（撮影／渡辺直樹）

自由な発想で素材をくみあわせて手づくりするジュエリーデザイナー

世界で類をみない、ステンレスメッシュのアートジュエリー

ステンレスメッシュという興味深い素材にであった稗田さんは、その魅力をいかした作品づくりに夢中になりました。なんとか、チタンとくみあわせないで、ステンレスメッシュだけでアートジュエリーをつくることができないか、かんがえるようになりました。そのために、これまで身につけたいろいろな技術を使い、その技術を向上させるなど試行錯誤をかさねました。同時に、はんだの業者やお店をたずねて、接合の方法を相談しました。

その結果、こまかいメッシュ1本1本を自在に接合することができるようになりました。そして、いろいろなかたちや色のステンレスメッシュのジュエリーを手がけるようになりました。

さまざまな色、かたちのステンレスメッシュの球体をつなげたネックレス「WAVERING CELL」(2017年作、撮影／渡辺直樹)

胸もとにつけると、まるで宙にういているようになるブローチ「HORN&HOLLOW」(2015年作、撮影／渡辺直樹)

直径0.3ミリの糸のようにほそいはんだを電気ゴテでとかしながら、こまかいメッシュ1本1本を接合していきます。

海外のコンクールに積極的に参加する

稗田さんは、ジュエリーのコンクールに挑戦することに、強いこだわりをもっています。

コンクールでは、自分がどのようなものをつくりたいのかテーマ（コンセプト）を決め、それをジュエリーという作品で表現していきます。

「コンクールは、自分のかんがえをまとめ、あたらしいことに挑戦するよいきっかけになります。それが、自分のデザイン力や技術を向上させることにつながります」と稗田さんはいいます。そして、コンクールで作品がよい評価をされれば、大きな自信になることはまちがいありません。

日本での本格的なジュエリーコンテスト（日本ジュエリーデザイナー協会が主催する「日本ジュエリー展」）は、2年に1回の開催です。そこで稗田さんは、海外でひらかれるジュエリーコンテストに、参加しているのです。

コンテストの情報は、インターネットなどで知ることができます。情報がだされてから、コンテストの応募のしめ切りまでは、4～5か月ぐらいしかありません。この期間内に、準備から制作までをこなさなければならないのです。ほとんどの場合は、最初に写真審査がおこなわれ、えらばれると実際の作品を送って展示会にかざってもらうことができます。

コンテスト出品のながれ

ここでは、稗田さんが、ドイツのミュンヘンで毎年開催されているジュエリーコンテストに参加したときのようすを紹介します。

1 インターネットで情報を得る

コンテストの応募しめ切り日や、応募の条件などを確認します。稗田さんは、このコンクールは参加費無料でだれでも応募でき、素材の制限はなく、制作してから2年以内のオリジナル作品5点を出品するという条件を確認しました。

2 作品を準備する

稗田さんは、2年以内に制作した作品にくわえて、点数が足りない分のあらたなジュエリーを、デザインから制作までおこないます。

3 インターネットで応募する

応募用紙に、作品名やコンセプトなどを記入します。すべて英語で書かなければならないため、稗田さんは英語ができる友人にも協力してもらいながら記入します。応募用紙と、プロのカメラマンに依頼した作品の写真をインターネットで送ります。

4 実物作品を郵送する

何百人という応募のなかから、写真選考によって10分の1ほどがえらばれ、稗田さんのもとにも連絡がきました。そこで、5点の作品をこわれないように梱包し、ドイツへ郵送します。

5 コンクールの展示会で発表

送った5点の作品のうち、3点が展示会でならべられました。日程の都合がついた稗田さんは、実際に展示会をみにいきました。展示期間中には、受賞者の発表もあります。

ジュエリーデザイナーの気になるQ&A

どう？
ジュエリーの手づくり（12〜15ページ）は楽しかったですか。
きっと、ジュエリーデザインの世界が少し身近なものになったのではありませんか？

自分でデザインして手づくりする楽しさがいっぱいの世界なのね。

自分だけのデザインをかんがえたり、いろいろな素材をくみあわせたり、手づくりしながらとてもわくわくしたね。

Q1 工芸デザインの分野
ジュエリーデザインがふくまれる、工芸デザインとはどのようなものですか？

A 8ページでふれているように、ジュエリーデザインは工芸デザインの1分野にあげられます。ここでは、工芸デザインでつくられる工芸品について、かんたんにふれておきましょう。

工芸品とは、日常生活で利用する実用品に、芸術的なデザインをくわえたものをいいます。おもに、専用の工具や道具を使いながら、ひとつひとつコツコツと手づくりするものです。デザインの分野では、クラフトデザインとよばれています。

〈おもな工芸品〉----------
●陶器と磁器…うつわや皿、茶わんなどの焼きもの。陶器は、ねん土のなかまの陶土でつくるもの。磁器は、陶石という原料になる石をくだいてつくるもの。
●ガラス工芸品…ガラスを使ってつくるうつわや、皿、花びんなど。
●染め織りもの…衣服やカーテン、カーペットなど、布地を使ってつくるもの。
●木工品…木材を使ってつくる、家具や文具、おもちゃなど。
●漆器…木や紙でかたちをつくり、漆をぬって仕上げをしたもの。
●金工品…金、銀、銅、スズ、鉄などの金属を使って、細工などをほどこしてつくるもの。
●竹工品…竹を使ってつくる花器や台所用品など。
●ジュエリー…身につける宝飾品。

〈伝統的工芸品〉----------
工芸品のなかでも、つぎのような条件にあてはまるものをいいます。
■百年以上前から伝えられる技術をうけついでつくられた工芸品。
■一地域に生産者がまとまり、地域の特産品として知られる工芸品。
■日常生活で実用されるもので、基本的に手づくりされる工芸品。

ジュエリーデザインを学ぶ

Q2 ジュエリーデザイナーとしてかつやくするためには、どのような進路がありますか？

A 中学校を卒業したあと、高等学校から、美術・デザイン系の大学・短大、または美術・デザイン系専門学校などで学ぶのが一般的です。

●高等学校で広くデザインについて学ぶ

高等学校には、とくにジュエリーデザインに関連するコースがあるわけではありません。

もっとも関連するのは、美術・デザイン系の高等学校をめざす道です。美術・デザイン系の高等学校では、広く美術やデザインの基礎を学ぶことができます。

ほかに、普通科の高等学校に進学して、一般の教科を広く学びながら美術部などでデザインへの関心を高めていくことがかんがえられます。

そして、高等学校で学びながら、休みの日を利用してプロのデザイナーがひらいているジュエリーデザインの教室にかよって、基本的な知識と技術を身につける方法があります。

また、全国には工芸高校とよばれる高等学校があります。工芸高校のなかには、33ページでふれている工芸デザインについて、基礎的な知識を学び、基本の技術を広く身につけることができる学校があります。

●美術・デザイン系の四年制大学・短大で学ぶ

全国には、美術・デザインを専門的に学ぶことができる国立から公立、私立まで、四年制の美術大学と二年制の美術短大があります。

美術・デザイン系の大学や短大では、とくにジュエリーデザインのコースがなくても、広くデザインのことを学習することができます。そこで学んだデザインの知識と技術は、将来的にジュエリーデザイナーとしてかつやくするときにも役立つにちがいありません。

いっぽう、美術系大学・短大のなかには、ジュエリーデザインのコースがあるところもあります。学部は、ファッション関連のコースや工芸コース、アート・クラフトコース、工芸工業デザインコースなどの名称でよばれています。

ある大学の場合は、1年のときに基礎的な造形の力を身につけます。2年になると、ジュエリーデザインのコースをえらび、専門分野をはば広く学習します。そして、3年になると専攻するジュエリーデザインの分野にかかわる知識と技術を高めていきます。4年では、それまで身につけた知識と技術をさらに高めるための学習をしながら、卒業制作にとりくんでいきます。

さらに、伝統的な工芸デザインのコースがある美術系大学・短大もあります。金属などをあつかう金工のコースでは、伝統的な金工のデザイン技術を学ぶことができます。この技法は、ジュエリーデザインにも役立つものです。

●美術・デザイン系の専門学校で学ぶ

全国には、ジュエリーデザイン、宝飾デザインなどの専門コースがもうけられた専門学校があります。

ある学校では、ジュエリーデザインの基本的な知識と技術から、彫金、石留め、ガラス細工、七宝、ハイジュエリーなどの専門的な技術を、実習をとおして学ぶことができます。

また、雑貨やファッションのコースで、それぞれの分野に関連させながらジュエリーデザインを学んでいく学校もあります。

●ジュエリーデザインの教室で学ぶ

プロのジュエリーデザイナーがひらく教室では、実習を中心に学びながらデザイン力を身につけていくことができます。このような教室には、高校生や、一般の大学・短大生はもちろん、社会にでてからもかようこ

ジュエリーデザイナーの気になるQ&A

とができます。

利用する人の多くは、趣味としてジュエリーデザインを学ぶようですが、なかには、教室で技術を身につけてからプロのジュエリーデザイナーをめざす人もいます。

● **ジュエリーデザインの本場、海外に留学して学ぶ**

さらに、ジュエリーデザインの本場といわれるヨーロッパに留学して学ぶ道もあります。この場合は、海外の学校やジュエリーメーカーと協力関係がある美術系大学・短大、専門学校の推せんで、海外研修に参加します。ほかに、自分で費用を負担して海外におもむくという方法もあります。

Q3 ジュエリーデザイナーのかつやくする場面
ジュエリーデザイナーは、どのようなスタイルでかつやくしているのですか？

A ジュエリーデザイナーは、大手のジュエリーメーカーや、プロのジュエリーデザイナーが中心になる工房に所属するか、フリーランスでかつやくするスタイルがあります。

ジュエリーデザイナーがかつやくする場には、まず、大手のジュエリーメーカーがあります。ジュエリーメーカーとは、おもにダイヤモンドやルビー、サファイアなどの宝石を使ってジュエリー製品をつくる会社です。手がけたジュエリーは、宝飾品をあつかう専門のお店をはじめ、大型の商業施設などで販売されます。

高級なジュエリーメーカーでは、一流のデザイナーが創作したデザインをもとに、熟練のクラフトマン（28ページ参照）が手作業で、宝石をいかした装飾をほどこしていきます。そのほか、多くの人が気軽に手に入れられるような製品を大量生産するジュエリーメーカーまで、いろいろな会社があります。

ジュエリーメーカーでは、デザイン部に所属してかつやくすることになりますが、美術・デザイン系の大学・短大を卒業して就職するのが一般的です。世界的なジュエリーメーカーは、外国に本社があるため、採用に関しては複雑な条件があります。

いっぽう有名なジュエリーデザイナーがひらく工房もあります。このような一流デザイナーの工房でかつやくするには、就職または弟子入りすることになります。

ほかに、フリーランスでかつやくするジュエリーデザイナーも多数います。この本で紹介したデザイナーは、みなさんフリーランスでかつやくしています。

フリーランスのジュエリーデザイナーは、自由にオリジナルな作品を創作して、個展やグループ展などで発表しながらアート活動をつづけているのです。また、展示会場で作品を販売したり、ジュエリーをあつかう店で販売するというスタイルもあります。

フリーランスでかつやくするまでの道は、いくつかあります。たとえば、学校でデザインを勉強したあと、卒業してジュエリーメーカーに就職します。その後、実力をつけて独立するスタイルがあります。

さらに、一流のジュエリーデザイナーのもとで修行をつんだあと、独立する道もあります。

もちろん、美術・デザイン系の大学・短大や専門学校を卒業して、自分でジュエリーデザインの工房をひらく道もあります。

実力が認められれば、ジュエリーデザインの世界でかつやくする機会は数多くあります。

なかには、ジュエリーと無関係の道を進み、社会にでてからなんらかのかたちでジュエリーデザインとであう人もいます。

このように、ジュエリーデザインの世界は、その人のかつやくするかたちにあわせてひらかれています。ただ、共通するのは、ゆたかなデザインを発想する力を身につけていることが、第一にあげられます。

ジュエリーデザイナーへの道

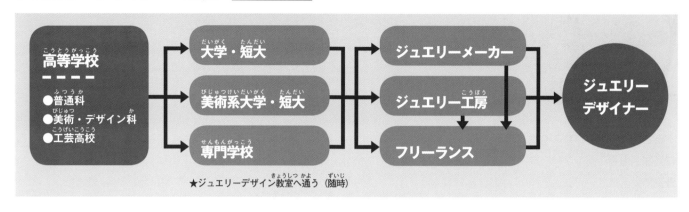

★ジュエリーデザイン教室へ通う（随時）

Q4 ジュエリーデザイナーへの道のり
ジュエリーデザイナーをめざしたきっかけにはどのようなことがありますか？

A ここでは、21ページから紹介している3人のジュエリーデザイナーの場合を例に紹介していきます。

桑原 悠さん

はじめはビーズ、その後は銀粘土に夢中になり、ジュエリーデザインにめざめていきました。

普通科の高等学校を卒業後、早稲田大学の第一文学部に進学し、美術史学を専修して美術の歴史について学びました。美術系の学問を選択したのは、きっと、父母の影響があったからだと思います。

父は東京芸大出身の画家で、母は女子美術大学のグラフィックデザイン科出身です。そんな環境で、美術に親しみながら育ったことが影響したのでしょう。

しかし、わたしには、知識を得て美術史の研究を深めるよりも、得た知識を作品づくりにいかす方がむいていました。

わたしが大学在学中に、ビーズ（※）が流行していました。小さいころから、プラモデルづくりなどこまかな作業が好きだったわたしは、ビーズを使ったアクセサリーづくりを楽しくおこないました。

ちょうどそのころ、勉強の気分転換に、母から銀粘土（アートクレイシルバー）をすすめられ夢中になりました。銀粘土とは、純銀の粉末がまざった粘土状のもので、自由にかたちをつくって焼きあげると、純銀のシルバーアクセサリーができあがります。でも、銀粘土では、薄い花びらをつくるといったこまかな加工ができず、はがゆさを感じていました。

ならば、本格的に彫金を学んで、自分の思いどおりのジュエリーをつくりたいとかんがえました。これが、ジュエリーデザイナーをめざしたきっかけです。

大学を卒業すると、日本宝飾クラフト学院に入学し、彫金の知識と技術を習得しました。その後、ジュエリーメーカーに就職して4年間、経験をつんでから、イタリア・フィレンツェにあるジュエリー専門学校に1年間、留学して、彫金の技術にみがきをかけました。

帰国後は、フリーランスの「ジュエリー作家」として活動しています。

※ビーズは、婦人服や手芸品などに用いられるガラスなどでつくられた小さなかざり玉。色の種類は多く、つないで使う。

青木敦子さん

大学に勤務中、ジュエリー界の先駆者の作品にであい、本格的にジュエリーデザインの道に進みました。

小さいころからバレエやオペラの物語に興味があり、高等学校卒業後は、武蔵野美術大学造形学部芸能デザイン学科に進学しました。ここで、舞台美術や空間デザインについて学びました。

大学を卒業後も、そのまま芸能デザイン学科に残って、教務補助のスタッフ（副手という）として活動しました。このころ、大学の関係者の紹介で、日本のジュエリーデザイナーの草分けといわれる田宮千穂さんの作品にであい、田宮先生の教室で彫金を習う機会にめぐまれました。

その後は、彫金を学びながら、「田宮千穂ジュウリーショップ」に勤務することになりました。

ショップは、東京の青山一丁目にあり、田宮先生の手がけた作品を販売していました。わたしは、店員としてお客に対応しながらジュエリーの知識を深めていくことができました。

お店に勤めると同時に、社会にでて働いている人を対象にしたデザイン学校にもかよいました。学校では、ジュエリーデザインのドローイングという技術を中心に学びました。ちなみに、ドローイングとは、デザイン画を描く技法です。

デザイン学校で学んでいるあいだに、当時、世界のダイヤモンド原石の9割を独占していたデビアス社が主催するジュエリーデザイン・コンテストに参加して、2位に入賞しました。

このころから、わたしは、彫金をするよりも、デザインをする方がむいていると思うようになりました。そこで、「スタジオ・アツコ」を設立し、5年間は企業の契約デザイナーとして働きながら、自分はお客の対応とジュエリーデザインに専念し、制作はクラフトマンに依頼するスタイルで活動しています。

稗田麻琴さん

アートジュエリーの修業中に、コンクールへの出品をすすめられたのがきっかけでした。

わたしは、小さいころから手先を使って、プラモデルなどの工作や、刺しゅうなどの手芸をしたり、絵を描いたりするのが、とにかく好きでした。

そんなこともあって、中学生のころには、将来は美術系の学校に進みたいとかんがえるようになっていました。そこで、高等学校は、美術系学校の美術科に進みました。そして、将来は、ジュエリーをつくる仕事に就きたいと思うようになり、大学のことをいろいろ調べました。その結果、武蔵野美術短期大学（現・武蔵野美術大学）には、彫金とジュエリーを専門に学ぶことができる工芸デザイン科というコースがあることがわかり、この大学に入学しました。

大学で楽しく勉強していたある日、国際ジュエリーアート展にでかける機会がありました。このときにみたアートジュエリーのうつくしさに、感動しました。

そこで、大学を卒業後、アートジュエリーについてもっと深く学びたいと思い、大学の教授だった菱田安彦先生がひらくジュエリースタジオに約4年間かよって学びました。菱田先生は、日本のジュエリー界の先駆者です。

ところが、菱田先生がお亡くなりになり、菱田先生のお弟子さんだった、彫刻家であり、ジュエリー作家でもある中村ミナト先生に師事しました。

中村先生は、とにかく自由にやっていいという教え方でした。公募展（コンクール）への参加をすすめてくださったのも、中村先生でした。

コンクールは、あたらしい作品づくりに挑戦するきっかけを与えてくれて、わたしを大きく成長させてくれました。そのため、現在でも、できるかぎりコンクールに参加するように心がけています。

ジュエリーデザインを支える技術

Q5 ジュエリーをデザインするときに、どのような技術がもとめられますか？

A さまざまな金属を細工するために、いろいろな工具を使いこなすこともたいせつになります。

ジュエリーデザインでは、さまざまな金属についての性質を理解したり、金属を細工・加工する技術を知ることがたいせつになります。もっとも知られている技術に彫金があります。さらに、最近では、鍛金や鋳金という技術が注目されています。

- **彫金**…金工用のノミ（たがね）を使って金属を彫る技法。
- **鍛金**…変形しやすい金属を熱し、金づちでたたきのばしながら成形する技法。
- **鋳金**…とけた金属を鋳型（※）に流しこみ、冷却してとりだす。その金属の表面をみがいたりして仕上げる技法。

なかでも、彫金という技術は、ジュエリーデザインをおこなううえで、もっともかかわってくることです。

もともと彫金とは、家具や仏壇などに装飾をほどこすとき、金属を彫る作業をさしています。ジュエリーデザインでは、金や銀、プラチナなどの金属を利用します。金属は、板や棒のような固体になっている地金とよばれるものが使われます。この地金をたたいたり、かざりを彫ったり、加工することが彫金です。

ジュエリーデザインでは、あらかじめできあがりのデザイン画を描きます。そのデザイン画にそって、金属に手をくわえていきます。どのような金属を使うか、どのようにくみあわせるか、そして、どのように加工するか、彫金の技術の高さが、ジュエリーデザインを成功にみちびく決め手のひとつになります。

そこで、登場するのが、クラフトマン（28ページ参照）とよばれる金工の技術者です。

彫金の作業は、まず、加工しやすい金属を使って試作品をつくります。その後、つくるものによって工具をたくみに使いわけながら完成させていきます。

※鋳型とは、金属を鋳造するための型。

彫金に使われるおもな道具

ワイヤーを加工するときに使うヤットコ類。いろいろな種類を使いわける。

金属を切ったりけずったりするとき使う、電動工具のヘッド（刃の部分）。刃は、使う部分にあわせて、えらんで使いわける。

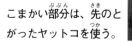

こまかい部分は、先のとがったヤットコを使う。

彫金では、いろいろな工具を使いわけます。
それぞれの役割をあらかじめ知っておくことが
ジュエリーデザインの成功のカギです。

ヤスリは、金属をけずったり、みがくときに使う。

1. 金属を固定して切るときに使うワイヤーカッター。 2. 石などの大きさをはかるためのノギス類。 3. 金属をたたくハンマー。 4. 金属を切ったりするとき、台にしたり、つくるもの（指輪など）をおさえるスリ板。 5. 指輪のサイズ（号数）をはかるリングゲージ棒。 6. 金属にあなをあけるときに使うハンドドリルは、先にいろいろな刃をつける。 7. こまかな部分を確認するとき使うルーペとよばれる拡大鏡。 8. 固定や仮留めなどに使う糸状の針金。

ノギスやハンマーなどいろいろな道具を使うんだね。

金属をとかしたり、溶接するときにはガスバーナーを使うのね。

＊この本をつくったスタッフ

企画制作	草川 昭
編集制作	保科和代（スタジオ248）
デザイン	渡辺真紀
イラスト	あむやまざき
写真撮影	相沢俊之
DTP	株式会社日報

＊取材に協力していただいた方（敬称略）

公益社団法人 日本ジュエリーデザイナー協会

小宮宇子
桑原 悠
青木敦子
稗田麻琴

時代をつくるデザイナーになりたい!!
ジュエリーデザイナー

	2018年3月30日 初版 第1刷発行
編 著	スタジオ248
発行者	中川雅寛
発行所	株式会社六耀社
	東京都港区台場2-3-1 〒135-0091
	電話 03-6426-0131 Fax 03-6426-0143
印刷所	シナノ書籍印刷株式会社

NDC375／40P／283×215cm／ISBN 978-4-89737-957-9
© 2018 Printed in Japan

本書の無断転載・複写は、著作権上での例外を除き、禁じられています。
落丁・乱丁本は、送料小社負担にてお取り替えいたします。